이승만 정부는 부정부패와
독재 정치로 국민들의 지지를 얻지 못하고
4·19 혁명으로 무너졌어요. 이후 의원
내각제를 받아들인 장면 내각이 들어섰으나,
곧 박정희를 중심으로 한 5·16 군사 정변으로
무너졌지요. 박정희 대통령은 경제 개발
5개년 계획으로 경제 성장을 이루었지만,
국민들은 경제 발전에 맞는 민주 정치의
발전을 원하게 되었어요.

추천 감수 박현숙(고대사)

고려대학교 사범대학 역사교육과를 졸업하고 동 대학원에서 문학박사 학위를 받았습니다. 현재 고려대학교 사범대학 역사교육과 교수로 재직 중이며, 백제 문화와 고대 인물사 등에 대한 활발한 연구를 계속하고 있습니다. 쓴 책으로 〈백제의 중앙과 지방〉, 〈한국사의 재조명〉 등이 있습니다.

추천 감수 정구복(고려사 · 조선사)

서울대학교 사범대학 역사교육과를 졸업하고 서강대학교에서 문학박사 학위를 받았습니다. 한국학중앙연구원 한국학대학원의 교수로 재직 중이며, 한국학중앙연구원 한국학대학원 원장을 역임하였습니다. 쓴 책으로 〈한국인의 역사 의식〉, 〈역주 삼국사기〉, 〈한국 중세 사학사 1, 2〉 등이 있습니다.

추천 감수 김한종(근현대사)

서울대학교 사범대학 역사교육과를 졸업하고 동 대학원에서 역사교육을 전공하여 문학박사 학위를 받았습니다. 현재 한국교원대학교 교수로 재직 중입니다. 쓴 책으로 〈역사 교육 과정과 교과서 연구〉, 〈역사 교육의 내용과 방법〉(공저), 〈한 · 중 · 일 3국의 근대사 인식과 역사 교육〉(공저), 〈역사 교육과 역사 인식〉(공저) 등이 있습니다.

고증 문중양(과학사)

서울대학교 계산통계학과를 졸업하고 동 대학원에서 이학박사 학위를 받았습니다. 쓴 책으로 〈우리 역사 과학 기행〉, 〈우리의 과학문화재〉(공저), 〈세종의 국가 경영〉(공저) 등이 있습니다.

고증 정연식(생활사 및 복식)

서울대학교 국사학과를 졸업하고 동 대학원에서 문학박사 학위를 받았습니다. 쓴 책으로 〈조선 시대 사람들은 어떻게 살았을까?〉(공저), 〈일상으로 본 조선 시대 이야기 1, 2〉 등이 있습니다.

글 김육훈

전국역사교사모임의 창립 회원이며, 2002년부터 4년 동안 회장을 지냈습니다. 대안적 교육 과정과 교과서에 대한 소망을 담아 〈살아 있는 한국사 교과서〉, 〈살아 있는 세계사 교과서〉, 〈우리 아이들에게 역사를 어떻게 가르칠 것인가〉 등을 펴내는 데 참가하였습니다. 학생들이 토론하면서 자기 생각을 만들기 바라며 〈쟁점으로 보는 한국사〉를 펴냈고, 중학교 사회1, 2, 고교 공통사회 교과서(검정) 집필에 참가하였으며, 고등학교 국사 교과서(국정) 집필에도 참가하였습니다.

그림 권오현

홍익대학교에서 금속공예를 전공하였으며, 현재 '그림이 좋은 사람들'을 운영하며 그림을 연구, 발전시키고 있습니다. 그린 책으로 〈최후의 모히칸족〉, 〈로알 아문센〉, 〈상록수〉 등이 있습니다.

이미지 제공

연합포토, 중앙포토, 국립중앙박물관, 국립부여박물관, 국립경주박물관, 국립민속박물관, 유연태(사진작가), 허용선(사진작가)

광개토 대왕 이야기 한국사 **67** 대한민국

민주주의의 발전과 한강의 기적

총기획 및 발행인 박연환
발행처 (주)한국헤르만헤세
출판등록 제17-354호
연구개발원 경기도 성남시 분당구 금곡동 444-148
대표전화 (031)715-7722
팩스 (031)786-1100
본사 서울시 송파구 석촌동 7-3
대표전화 (02)470-7722
팩스 (02)470-8338
고객문의 080-715-7722
편집 임미옥, 백영민, 윤현주, 지수진, 최영란
디자인 장월영, 주문배, 김덕춘, 김지은

ⓒ Korea Hermannhesse

이 책의 표지는 일반 용지보다 1.5배 이상 고가의 고급 용지인 드라이보드지를 사용해 제작하였습니다. 표지를 드라이보드지로 제작하면 습기의 영향을 덜 받기 때문에 본문 용지가 잘 울지 않고, 모양이 뒤틀리지 않아 책을 오랫동안 보존할 수 있습니다.

이 책은 기존의 석유 잉크 대신 친환경 식물성 원료인 대두유 잉크를 사용하여 인쇄하였습니다. 대두유 잉크는 선진국에서 널리 사용하고 있는 고가의 대체 잉크로, 휘발성이 적어 인쇄 상태의 보존이 용이하고, 인체에 무해할 뿐만 아니라 눈에 부담을 주지 않는 자연스러운 색을 내는 특징이 있습니다.

광개토대왕
이야기 한국사

67
★
대한민국

민주주의의 발전과
한강의 기적

감수 **김한종** | 글 **김육훈** | 그림 **권오현**

한국헤르만헤세

4·19 혁명과 부치지 못한 편지

부치지 못한 편지

어머니, 시간이 없어서 뵙지 못하고 떠납니다.
지금 저의 모든 친구들, 그리고 대한민국 모든 학생들은
우리나라 민주주의를 위하여 피를 흘립니다.
어머니, 데모에 나간 저를 야단치지 마십시오.
우리들이 아니면 누가 데모를 하겠습니까.
저희 모든 학생들은 죽음을 각오하고 나가는 것입니다.
저는 국가와 민족을 위해 생명을 바쳐 싸울 것입니다.
어머니, 저를 사랑하시는 마음으로 무척 슬프시겠지만,
온 겨레의 앞날과 민족의 해방을 위한다 생각하시고 기뻐해 주세요.
저의 목숨은 이미 나라를 위해 바치려고 결심하였습니다.
어머니, 부디 몸 건강히 계세요.

당시 한성 여중 2학년인 진영숙은 어머니께 이런 편지를 썼어요.
교문을 나가면 앞으로 어떤 일이 일어날지 알 수 없었어요.
낮에 경찰이 학생들에게 총을 쏴서 많은 사람이 죽었다는
좋지 않은 소식도 들려왔어요.

영숙은 나라가 너무 잘못되었다고 생각했어요.

대통령이 되려고 부정 선거를 저지른 일도 용서 못할 일인데,

여기에 항의하는 자기 나라 국민에게 총까지 쏘았어요.

영숙은 끓어오르는 분노를 참을 수 없었어요.

'대한민국은 민주 공화국이다. 모든 권력은 국민으로부터 나온다.'

이렇게 생각한 영숙은 계속해서 편지를 써 내려갔어요.

어머니, 저도 무섭고 두렵습니다.

어머니를 떠나고 싶지 않답니다.

그러나 어머니, 지금 우리가 바로잡지

못한다면 그건 또 얼마나 슬픈 일일까요.

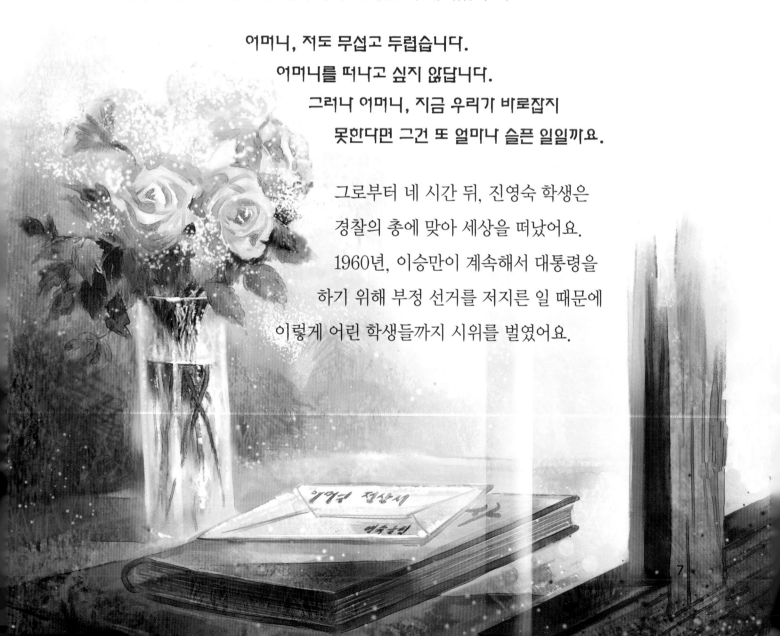

그로부터 네 시간 뒤, 진영숙 학생은

경찰의 총에 맞아 세상을 떠났어요.

1960년, 이승만이 계속해서 대통령을

하기 위해 부정 선거를 저지른 일 때문에

이렇게 어린 학생들까지 시위를 벌였어요.

3·15 부정 선거

1960년은 네 번째 대통령 선거가 있던 해였어요.

자유당의 대통령 후보는 85세의 이승만이었어요.

부통령 후보는 이기붕으로, 이승만의 말이라면 무조건

따르는 사람이었지요.

선거는 3월 15일로 예정되어 있었어요.

그즈음, 선거 책임자인 내무부 장관은 비밀리에 경찰과 관리들을

불러 모았어요.

"국민 여론이 좋지 않아. 잘못하면 이승만 대통령이 떨어질 수도 있어.

그러니 자유당 후보를 찍은 가짜 표를 미리 투표함에 넣어 두도록 해!

아니, 아예 자유당 후보를 찍은 가짜 투표함을 만들어서

다른 당을 지지하는 사람이 많은 곳의 투표함과 바꾸어 버려."

민주주의 국가에서, 그것도 공정한 선거를 책임져야 하는 장관이

절대로 입에 담아서는 안 될 말이었어요.

자유당 후보의 선거 유세에는 많은 사람들을 강제로 모이게 했어요.

반대로 다른 당 후보의 유세에는 아무도 참가하지 못하게 했지요.

깡패들을 시켜서 다른 당 후보의 광고물을 뜯어 버리기도 했어요.

"이제는 깡패까지 끌어들여 부정 선거를 하고 있네그려."

국민들의 불만은 갈수록 높아져 갔어요.

1960년 2월 28일은 일요일, 이날은 대구에서 다른 당의 후보가
선거 유세를 벌이기로 되어 있었어요.
그런데 교육청에서는 모든 학생에게 학교에 나오라는 지시를 내렸어요.
"학교를 정치에 이용하지 마라!"
"부정 선거를 지금 즉시 멈추어라!"
학생들은 교문을 박차고 거리로 뛰쳐나갔어요.

멈추어라,
부정 선거!

학교가
정치의 도구냐!

학생들이 거리로 쏟아져 나오자, 경찰이 앞을 가로막았어요.

학생들의 용기 있는 행동에 길 가던 시민들도 박수를 보냈어요.

3월 15일, 마침내 선거가 치러졌어요.

이날 마산의 학생과 시민들이 모여 시위를 벌였어요.

"우리는 오늘 치러진 선거를 인정할 수 없다!"

"선거를 다시 하라!"

경찰은 학생과 시민들을 흩어지게 하기 위해 마구 밀어붙였어요.

그래도 흩어지지 않자 경찰은 시위대를 향해 최루탄을 쏘아 댔어요.

최루탄은 독한 가스를 잔뜩 넣어 만든 것으로, 터지면 피부가 따갑고
눈물, 콧물이 쏟아져요.

그러나 시위대는 흩어지지 않고 다시 선거를 하라고 외쳤어요.

시위대와 경찰이 마주하고 있던 저녁 7시 30분에 갑자기 전기가
나갔어요. 학생과
시민들은 당황했어요.
바로 그 순간 사방에서
총소리가 들렸어요.
'탕, 타타타탕! 탕, 탕!'
전기가 나간 것은
총을 쏘라는 신호였던
거예요.

▲ 4·19 혁명의 원인이 된 부정 투표함

학생과 시민들이 부정 선거에 맞서 싸우며 헌법에 보장되어 있는
'집회의 권리'를 행사하고 있는데, 국민을 보호해야 할 경찰이
시민들에게 함부로 총을 쏘았던 거예요.
경찰은 총을 쏘며 시위에 참가한 학생과 시민을 쫓아다녔어요.
이날 모두 8명이 죽고, 80여 명이 다쳤어요.
있어서는 안 될 일이 일어난 거예요.

마산에서 죄 없는 시민들이 목숨을 잃었다는 소식이 전해지자,

서울과 부산의 고등학생들도 시위를 벌이기 시작했어요.

"이승만은 물러가라!"

"시위대에 총을 쏜 경찰 책임자를 처벌하라."

4월 11일, 마산 시위 중에 사라졌던 김주열 학생의 시신이

마산 앞바다에서 발견되었어요.

그런데 시신의 모습이 너무나 끔찍했어요.

눈에 최루탄이 박혀 있고, 몸에는 돌덩이가 묶여 있었어요.

이 소식이 전해지자, 전국의 학생들이 거리로 쏟아져 나왔어요.

"살인 경찰을 구속하라!"

"부정 선거와 살인 행위의 진상을 밝히고 국민 앞에 사죄하라!"

4월 18일, 고려 대학교 학생들이 '민주주의의 역적을 몰아내자!'라고

적힌 현수막을 들고 서울 거리로 쏟아져 나왔어요.

수많은 시민들이 시위대의 뒤를 따랐어요.

시민들과 경찰이 지켜보는 가운데 깡패들이 나타났어요.

"저기 현수막 들고 있는 놈부터 잡아 패!"

깡패들은 야구 방망이와 쇠파이프를 마구 휘둘렀어요.

수많은 학생들이 피를 흘리며 거리에 쓰러졌지만,

겁에 질린 사람들은 감히 나서서 말리지 못했어요.

다음 날, 신문에 깡패들의 만행이 대문짝만하게 실렸어요.

이날은 1960년 4월 19일로, 진영숙 학생이 세상을 떠난 날이에요.

"총칼로 시민을 죽이는 정부를 몰아내자!"

"깡패 정권 물러가라!"

서울의 모든 대학생들이 거리로 나섰어요.

오후가 되자, 중·고등 학생들까지 교문을 뛰쳐나갔어요.

시위대는 이승만 대통령의 해명을 요구하며 거리 행진을 했어요.

어린 학생들까지
들고 일어나다니,
정말 대단하다.

▲ 4·19 혁명 기념탑

그러자 경찰이 시위대를 향해 총을 쏘아 댔어요.

이날 110여 명이나 되는 사람들이 목숨을 잃었어요.

그런데도 자유당 정부는 부정 선거를 인정하지 않았어요.

이번에는 대학교수들까지 시위에 나섰어요.

"학생들이 흘린 피를 헛되게 하지 말자!"

시위대의 규모가 걷잡을 수 없이 커지기 시작했어요.

심지어 '부모 형제들에게 총부리를 겨누지 마라.'고 적힌 현수막을 들고

거리로 나온 초등학생까지 있었어요.

이승만 정권은 시위대를 억누르기 위해 군대를 끌어들이려 했어요.

그러나 군 지휘관들은 '시민에게 총을 쏠 수 없다.'며

이승만 대통령의 명령을 따르지 않았지요.

결국 이승만은 대통령 자리에서 물러나겠다고 발표했어요.

시위대는 만세를 불렀어요.

"민주주의 만세! 민주주의 만세!"

184명의 죽음에도 꺾이지 않고
거리에 나선 학생과 시민들이
뜻을 이룬 거예요.
학생과 시민들이 이룩한
자랑스러운 이 승리를
'4·19 혁명'이라고 불러요.

▲ 경무대를 떠나는 이승만 대통령

새 정부가 들어서다

이승만 대통령이 물러난 뒤, 새 정부가 들어섰어요.

새 정부는 새 헌법을 만들고, 국민의 권리를 높이는 제도도 만들었어요.

새 헌법에는 '경찰은 집회를 금지하거나 단체를 해산할 수 없고,

신문과 잡지의 발행도 금지할 수 없다.'라고 분명하게 밝혔어요.

"이제 진짜 민주주의 국가가 되었어."

"싸워서 얻은 민주주의라 더욱 소중하게 느껴져."

사람들은 새 정부의 탄생을 기뻐했어요.

새 헌법에 따라 국회 의원을 뽑는 선거가 치러졌어요.

깡패나 경찰이 후보들의
연설을 방해하지 않았어요.
표를 늘리기 위해 투표함을
바꿔치기하는 일도
없어졌어요.
1960년 8월 12일,
새 정부는 제4대 대통령으로
윤보선을 뽑았어요.
나랏일을 이끌
국무총리로는 장면을
선출했지요.

▲ 국회에서 열린 제4대 윤보선 대통령 취임식

"이승만이 오랫동안 홀로 나라를 다스릴 수 있었던 것은

대통령 한 사람에게 너무 많은 권한이 주어졌기 때문이야."

"이번 정부에서는 대통령의 권한을 줄이고 국회의 권한을 늘리자."

이런 국민의 뜻에 따라 새 정부는 내각 책임제로 구성되었어요.

국민들은 새 정부가 민주주의를 더욱 발전시키고

나라의 살림살이도 풍족하게 만들 거라고 기대했어요.

"자유당 정권이 저지른 잘못을 낱낱이 밝혀내어 바로잡고,

이 땅에 민주주의가 더욱 튼튼히 뿌리내리도록 노력하겠습니다."

하지만 새 정부는 스스로 내세운 약속을 지키지 못했어요.

부정 선거와 부정부패를 저지른 사람들을 처벌하지 못하고,

민주화 요구도 제대로 감당하지 못했지요.

더구나 자기들끼리 권력을 차지하려고 다투기까지 했어요.

"부정부패를 저지른 사람들이 여전히 어깨를 펴고 살잖아?"

"사는 것도 어려워졌어. 새 정부가 들어서면 나아질까 했는데……."

많은 희생자를 낸 4·19 혁명의 바탕에서 출발한 새 정부는

곳곳에서 터져 나온 요구와 혼란스러움을 추스르지 못하고

국민들에게 실망만 안겨 주었어요.

"우리 학생들이 스스로 시민운동을 벌입시다."

학생들은 사치를 반대하는 새 생활 운동을 벌였어요.

또 학교를 민주화하기 위한 활동을 펼치는가 하면

통일 운동에 나선 학생들도 많았어요.

"남북이 서로 미워하고 대결하는 한, 독재자가 나올 수밖에 없어!"

"그래 맞아! 통일이야말로 민주주의의 완성이야!"

통일 운동에 나선 학생들은, 남한과 북한의 학생들이 한자리에 만나서
통일 방안을 자유롭게 토론하기를
원했어요.

남한의 쌀을 북한으로 보내고
북한의 전기를 받자는 등 남북이
서로 협력하여 함께 발전할 수
있는 방안을 찾자는 제안도
나왔어요.

▲ 남북 학생 회담 개최 요구 시위

1961년 5월, 여러 대학 학생들이 한자리에 모여 집회를 열었어요.
학생들은 '오라 남으로, 가자 북으로! 만나자 판문점에서!'라고 쓴
현수막을 내걸었어요.
그리고 남북 학생이 회담을 열고 체육 대회를 갖자고 제안했어요.
4·19 혁명이 일어난 지 일 년쯤 지나 민주주의가 조금씩 자리를
잡아가고, 경제 살리기도 막 시작될 때였어요.
한반도에 평화를 이루기 위한 토론도 시작되고 있었어요.

5·16 군사 정변과 경제 개발 5개년 계획

박정희 군사 정부 탄생

1961년 5월 16일 새벽, 서울의 노량진과 한강 대교 위로

여러 대의 차가 다가왔어요. 다리를 지키던 군인들이 차를 세웠어요.

"정지! 어디서 온 누구요?"

갑작스러운 총격에 헌병들이 그대로 쓰러졌어요.

새벽 5시, 군인들은 강제로 방송을 하게 했어요.

"오늘부터 군인들이 나라를 다스리겠다!"

20대, 30대의 젊은 군인들이 국무총리와 장관, 서울특별시장,

도지사를 맡았어요.

군수, 읍·면장까지도 군인들이 차지했지요.

군인들이 정권을 빼앗은 이 일을 5·16 군사 정변이라고 해요.

"군인들이 정권을 잡다니, 말이 돼?"

"함부로 떠들면 쥐도 새도 모르게 잡혀가는 거 몰라?"

▲ 5·16 정변

정권을 잡은 군인들이 워낙 무섭게 구는
바람에 국민들은 말도 제대로 못했어요.
"국가 재건 최고 회의를 만들겠소.
이곳에서 새 법을 만들 것이오."

한 나라의 법은 국민의 대표인 국회 의원이 국민의 뜻을 물어

만드는 것이에요.

그런데 군인들이 법을 만들어 국민들에게 무조건 따르게 했어요.

군사 정권의 대표는 박정희였어요.

별 두 개, 소장의 계급을 단 박정희의 나이는 44세였어요.

정권을 담당한 군인들은 대부분 30대의 젊은이들이었어요.

"정치가 잘 안 되기 때문에 나라가 어지러운 것이오.

오늘부터 모든 정치 활동을 금지하시오."

혼란스러운 이 나라를
우리가 다스리겠다.

군인들은 정치인들의 활동을 금지시키고 장면을 감옥에 가두었어요.

많은 신문과 잡지도 발행하지 못하게 했어요.

민주주의를 위해 만든 단체와 통일 단체도 심하게 억눌렀지요.

그중에는 간첩의 누명을 쓰고 처형당한 사람도 여럿이었어요.

"나라가 혼란스러우면 북한에게 먹힐 수밖에 없습니다.

우리를 침략한 북한은 동포가 아니라 무찔러야 할 적입니다."

군사 정권은 공산주의에 반대한다는 반공을 정치의 기본으로 정했어요.

"통일을 이야기하는 것은 북한을 이롭게 하는 위험한 생각입니다."

통일을 주장하던 사람들은 더 이상 입을 열지 못했어요.

정권을 잡은 군인들은 "나라가 안정되면 양심적인 정치인들에게 정부를
넘겨주고 다시 군대로 돌아가겠다."라고 했어요.

그러나 박정희는 1963년에 실시된
대통령 선거에 나갔어요.

다른 군인들 역시 그 다음 달
실시된 국회 의원 선거에
나왔지요.

선거 결과 박정희가
대통령에 당선되어
군인 정치가
시작되었어요.

박정희 정권은
반공을 나라의 기본
방향으로 정했어.

이제 군인들이
정치하는 시대가
시작되었어.

경제 개발 5개년 계획

박정희 대통령은 국민들이 자신을 기꺼이 따르지 않는다는 것을
누구보다도 잘 알고 있었어요.

"경제를 살려야 해! 국민들이 잘 먹고 잘살 수 있게 되면
틀림없이 우리를 지지해 줄 거야!"

"우리는 딱 두 가지만 생각합시다. 하나는 반공입니다. 그리고 다른 하나는 바로 경제입니다."

박정희 대통령은 1962년부터 경제 개발 5개년 계획을 실시했어요.

"5년 후 우리가 이룰 목표를 세워 봅시다.

그리고 그 목표를 이루기 위해 해야 할 일을 분야별로 나누어 보세요."

"정부가 해야 할 일, 금융 기관과 기업이 해야 할 일을 안 다음
각자가 목표를 이루도록 최선을 다해야 합니다."

"교육도 중요합니다. 어떤 인재를 길러야 할지 미리 생각하여
그에 맞는 교육을 시켜야 합니다."

▲ 경제 개발 5개년 계획과 관련된 서류

경제 개발을
위해 국민 모두가
노력했어.

1950년대에 우리나라는 세계에서 가장 가난한 나라였어요.

그렇지만 훌륭한 인재는 많았어요.

경제 정책을 세우는 관리 가운데도 유능한 사람이 많았지요.

그들은 나라의 실정을 잘 살펴서, 경제 성장을 이룰 수 있는

여러 가지 계획을 만들어 냈어요.

정부가 경제 성장을 위해 노력하고 국민들이 여기에 발을 맞추자,

우리나라의 경제가 조금씩 발전하기 시작했어요.

기업의 생산이 크게 늘어나고, 수출도 증가했어요.

경제가 발전하자, 박정희 정부에 대한
국민의 지지도 높아졌어요.
1967년에 치러진 선거에서 박정희는
제6대 대통령으로 뽑혔어요.
경제를 일으키는 데는 기업가나 기술자의
역할이 매우 컸어요.

▲ 초기의 흑백텔레비전

그때까지 우리는 자기 힘으로 회사를 세우거나
운영해 본 경험이 많지 않았어요.
그래서 어떤 곳에 어떤 공장을 지어야 하는지,
어떤 사람과 함께 일해야 하는지 잘 몰랐어요.
어디에서 값싸고 질 좋은 원료를 살 수 있는지도 몰랐지요.
애써 만든 물건을 제값을 받고 파는 일 또한 쉽지 않았어요.
하지만 기업가들이 국경을 넘나들며 좋은 원료를 구해 오고,
우리 상품을 내다 팔 해외 시장을 찾아 나섰어요.
좋은 제품을 만드는 데는 과학 기술이 큰 역할을 했어요.
1960년대 우리 경제를 이끈 중심 산업은
천을 짜거나 옷을 만드는 섬유 공업이었어요.
나일론 원료를 우리 손으로 만드는 데도 성공했지요.
오늘날 세계 최고 수준에 이른 전자 공업도
우리 힘으로 흑백텔레비전을 만든 것에서 시작되었어요.

경제 발전의 일등 공신은 열심히 일한 노동자들이었어요.

노동자들은 적은 월급을 받으면서도 열심히 일을 하여

품질 좋은 제품을 싼값에 만들어 냈어요.

외국에 돈을 벌러 나가는 사람도 많았어요.

독일로 일하러 간 광부와 간호사가 그들이에요.

박정희 대통령은 산업 발전에 필요한 돈을 독일에서 빌리는 대가로

3년간 광부 5,000명과 간호사 2,000명을 보내기로 약속했어요.

당시 우리나라는 외국에서 돈도 꾸지 못할 정도로 가난했어요.

광부와 간호사들은 성실하게 일하여 우리 국민의 능력을 보여 주었고,

그들이 보내온 돈은 우리나라의 산업 발전에 큰 역할을 했어요.

많은 사람들이 전문 분야에서 일을 잘할 수 있었던 비결은 교육받은

유능한 인재들이 많았기 때문이에요.

우리 민족은 '아는 것이 힘이다. 배워야 산다.'라는 생각을

오래전부터 하고 있었어요.

일본에 나라를 빼앗겼을 때도 많은 사람들이

'공부하여 애국하자!'며 학교를 짓고

열심히 학생들을 가르쳤어요.

6·25 전쟁 때는 피난을 다니면서도

학교를 세워 학생들을 가르쳤지요.

경제가 발전하면서 많은 것이 바뀌었어요.

▲ 서독으로 떠나는 광부들

우선 도시로 많은 사람이 모여들었어요.

울산이나 포항, 마산 같은 새로운 공업 도시도 만들어졌지요.

1970년 서울과 부산을 잇는 경부 고속 도로를 비롯하여

전국 여러 곳이 고속 도로와 철도로 연결되었어요.

거의 모든 집에 전기가 들어와 어두운 밤을 환하게 밝혔고,

사람들은 집안 살림을 바꾸어 나갔어요.

우리의 10년은 다른 나라가 경험한 수십 년과 맞먹을 정도로

사회 전체가 빠르게 변했어요.

한편 우리나라 경제는 겉으로는 눈부시게 발전했지만,

노동자들의 생활은 크게 나아지지 않았어요.

▲ 경부 고속 도로

박정희, 다섯 번 대통령에 당선되다

1967년, 박정희 대통령의 두 번째 임기가 시작되었어요.

박정희 대통령이 군사 정부 때 만든 헌법에 따르면 다음 대통령 선거가

있는 1971년에 박정희는 대통령 선거에 나갈 수 없었어요.

박정희는 마지막으로 대통령 자리에 있는 셈이었지요.

"각하께서 물러나는 것은 있을 수 없는 일입니다.

이제 막 경제가 살아나기 시작했는데……"

"무슨 좋은 생각이라도 있나?"

"헌법을 고쳐야지요."

박정희가 계속 대통령을 할 수 있도록 헌법을 고친다는 소식에

많은 국민들이 화를 냈어요.

"이승만 정권이 물러난 지 10년도 안 되었는데,

또다시 개인을 위해 헌법을 고친다고?"

"멋대로 헌법을 바꾼다고?

독재 정치로 돌아가자는 말이야?"

심지어 박정희 대통령이 속한

공화당에서도 헌법을 고치는 것에

반대하는 사람이 많았어요.

그러나 박정희 대통령은

물러서지 않았어요.

"박정희 대통령이 이승만처럼 되고 싶어 한다.

세 번 대통령을 하고 나면 다음에 또 다른 이유를 대며,

영원히 대통령을 하겠다고 나설 것이다."

시민과 학생들이 헌법 개정에 반대하며 시위를 벌였어요.

정부는 군인들을 불러들여 시위를 막고, 헌법을 바꿨어요.

새 헌법으로는 국민이 직접 대통령을 뽑을 수 없어요.

또 대통령이 국회 의원과 대법원장을 임명할 수 있고,

국회도 대통령 마음대로 흩어지게 할 수 있어요.

국민의 권리가 제한된 헌법에 많은 사람들이 반대를 했어요.

그러자 정보기관이 나서서 반대하는 사람을 잡아 가두었어요.

▲ 1978년 제9대 대통령 취임식

국회도 열 수도 없고, 국회 의원이나

언론인들까지 끌려가

모진 고문을 당했어요.

1972년 12월, 박정희 대통령은

네 번째로 대통령이 되었어요.

그리고 6년 뒤에는 다섯 번째로

대통령이 되었지요.

그는 1979년, 세상을 떠날 때까지

18년 동안 나라의 최고 책임자 자리에

있었어요. 그동안 국민들은 참된

자유를 누리지 못했어요.

아름다운 청년 전태일

어려운 환경에서 일하다

1965년 가을, 서울 평화 시장에 있는 삼일사에 한 청년이 들어섰어요.

삼일사는 옷을 만드는 작은 공장이었어요.

"전봇대에 붙어 있는 광고지 보고 찾아왔는데요."

"이름이 뭐지?"

"전태일입니다. 열일곱 살인데, 뭐든 시켜만 주십시오.

열심히 일하겠습니다."

31

전태일은 열심히 일한 덕분에 재봉 기술자가 되었어요.

"월급이 너무 적어. 다른 데로 가서 재단사로 취직해야겠다."

십대 초반의 여성들이 잠도 못 자고 고생하는 것을 보면서

전태일은 옷을 설계하는 재단사가 되었어요.

재단사는 일거리를 나누어 주고, 전체를 살피는 일도 하거든요.

"오늘은 힘들어 보이니 일찍 들어가 봐."

아래 직원이 힘들어 하면 전태일이 그 일을 대신하곤 했어요.

이를 못마땅하게 여긴 사장이 그를 쫓아내 버렸어요.

전태일은 무언가 잘못되어 있다는 생각을 지울 수 없었어요.

"노동자가 노예인가? 언제까지 이렇게 일해야 하지?"

그러던 중 '근로 기준법'에 대해서 알게 되었어요.

'하루 노동 시간을 8시간으로 한다.

일주일에 하루 이상 휴가를 주어야 한다.'

1970년 10월 7일, 평화 시장의 모습이 경향신문에 실렸어요.

'나이 어린 소녀들이 하루 16시간 이상 고된 일을 하며…….'

"우리들의 비참한 노동 환경이 신문에 났어."

"잘못을 고치고 근로 기준법을 지켜야 한다고 되어 있잖아?"

전태일과 친구들은 일하는 시간을 줄이고 휴일을 늘리며

월급을 올려 달라고 사장에게 말했어요.

며칠이 지나서 조용해지자 사장의 행동이 달라졌어요.

"취직 자리는 알아봐 줄 테니 걱정 말고 이쯤에서 끝내자."
전태일과 친구들이 원한 결과는 이런 게 아니었어요.
1970년 11월 13일, 전태일과 친구들은 노동자들과 함께 시위를 했어요.
그런데 갑자기 온몸에 불이 붙은 사람이 뛰어왔어요.
"근로 기준법을 지켜라. 일요일은 쉬게 하라."
이렇게 외치면서 쓰러진 사람은 바로 전태일이었어요.
1971년 동아일보 새해 첫 신문에 이런 내용의 기사가 실렸어요.
'전태일의 죽음은 1970년대 한국 문제를 드러내는 뜻깊은 사건이다.'

우리 다 같이 잘살아 보세

1960년대 초반 우리나라는 세계에서 가장 가난한 나라 중 하나였어요. 박정희 대통령은 가난에서 벗어나는 것을 첫 번째 목표로 삼고, 1962년부터 '경제 개발 5개년 계획'을 실시해 공업화에 온 힘을 기울였어요. 그 덕분에 우리나라 경제는 해마다 빠른 성장을 계속할 수 있었지요.

❀ 경제 개발 계획을 실시했어요

1962년 제1차 경제 개발 5개년 계획이 세워졌어요. 5년 동안 연평균 경제 성장률 7.1%, 국민 총생산을 40% 끌어올린다는 목표를 세웠지요. 이를 위해 정부는 전력과 석탄 생산 등 에너지 자원을 개발하는 데 힘을 쏟았어요. 1967년에 시작된 제2차 경제 개발 5개년 계획 때는 산업 단지를 세우고, 물자 수송을 위해 고속 도로를 건설했어요. 그 결과 1971년에 10억 달러 넘게 수출했어요.

▲ 산업 현장을 방문 중인 박정희 대통령

❀ 100억 달러 수출을 이루었어요

自立意志의 勝利

輸出百億弗達成을 記念하여
一九七七年 十二月 日

大統領 朴正熙 [印]

▲ 100억 달러 수출 달성을 기념하여 박정희 대통령이 직접 쓴 휘호

1960년대 초반 우리나라는 세계에서 가장 가난한 나라 중 하나로, 1960년 수출액은 3,000만 달러, 1964년에는 1억 달러였어요. 대통령이 앞장서서 산업 발전에 힘쓴 결과 1971년 10억 달러, 1977년 100억 달러 수출을 넘어섰지요. 주요 수출품은 섬유, 가발, 신발 같은 경공업 제품이었어요. 적은 임금을 받고 하루 14시간 이상 일한 노동자들의 피땀으로 이루어 낸 성과예요.

✿ 일일생활권이 되었어요

1970년 경부 고속 도로가 개통되면서 전국이 일일생활권이 되었어요. 경부 고속 도로를 시작으로 경인 고속 도로, 호남 고속 도로, 남해 고속 도로 등이 차례로 개통되었어요. 고속 도로를 이용해 생산에 필요한 물자와 완성된 제품을 빠르게 옮길 수 있게 되었어요. 이에 힘입어 전국의 산업이 골고루 발전하고, 하루 만에 전국 어디든 갔다 올 수 있게 되었지요.

▲ 경부 고속 도로 개통식

✿ 사람들이 도시로 몰려들었어요

공업의 발달로 도시에 일자리가 크게 늘어났어요. 그래서 젊은이들이 도시에 자리를 잡고, 대대로 농사를 짓던 사람들도 도시로 이사 가는 경우가 많았어요. 이 때문에 대도시에는 판잣집이 생겨나고 사람들은 콩나물시루처럼 빽빽한 버스를 타고 출퇴근을 하게 되었어요. 노동자들은 하루에 열두 시간 넘게 일하고, 월급도 적었지만 잘살게 될 것이라는 희망을 안고 열심히 일했어요.

한국사 돋보기

공순이를 아시나요?

공순이는 공장에서 일하는 여성을 얕잡아 부르던 말이에요. 여성 근로자들이 제일 많았던 곳이 서울의 구로 공단이었어요. 여공들은 주로 농촌 출신이었어요. 10대 초반의 여성들이 초등학교를 졸업하고 도시로 올라와 가발 공장, 봉제 공장 등에 취직했어요.

이들은 적은 월급을 꼬박꼬박 모아서 시골의 부모에게 부쳤어요. 그러면 소를 사거나 논밭을 사서 재산을 늘렸어요. 오빠나 남동생의 학비를 대기도 했지요. 적은 월급을 받고 고된 노동을 한 여공들이 수출 증가에 큰 공을 세운 주인공들이었어요.

▲ 1970년대의 여성 근로자

부지런히 일한 여공들 덕분에 잘살게 된 거야.

하면 안 되는 게 너무 많아요

박정희 정권은 정신 무장을 해야 한다는 이유를 내세워 인간의 기본적인 자유를 억눌렀어요. 기분에 거슬리는 노래, 영화, 소설 등을 금지하고, 남자들은 머리를 기를 수 없었어요. 머리 염색도 금지했어요. 여자들은 미니스커트를 입을 수 없었지요.

✿ 미니스커트와 장발은 안 돼요

▲ 장발을 단속하는 모습

1970년대에는 여자들이 미니스커트를 입고 거리를 돌아다닐 수 없었어요. 남자의 긴 머리도 단속 대상이었지요. 박정희 대통령은 미니스커트와 장발을 '미국의 버릇없는 젊은이의 못된 문화'라며 단속을 지시했대요. 정부는 1973년, '경범죄 처벌법'에 미니스커트와 장발에 대한 내용을 넣고 전국적으로 단속을 시작했어요.

✿ 노래도 마음대로 못 불러요

대중음악도 검열을 당했어요. 가사나 멜로디가 대통령의 마음에 안 들면 금지곡으로 정해 못 부르게 했어요. 〈아침 이슬〉은 '태양은 묘지 위에 붉게 타오르고'라는 가사가 북한 공산당을 떠올린다는 이유로, 〈왜 불러〉는 장발 단속을 비웃는다는 이유로, 〈미인〉은 가사가 퇴폐적이라는 이유로 금지곡이 되었지요. 국민가요였던 〈동백 아가씨〉는 일본 노래 같다는 이유로 부르지 못하게 했어요.

✿ 국기 하강식 때 움직이면 안 돼요

'나는 자랑스러운 태극기 앞에 조국과 민족의 무궁한 영광을 위하여 몸과 마음을 바쳐 충성을 다할 것을 굳게 다짐합니다.' 1970년대에는 누구나 '국기에 대한 맹세'를 외워야 했어요. '국민 교육 헌장'도 외우게 했지요. 늦은 오후의 국기 하강식 때 애국가가 울려 퍼지면 사람들은 음악이 끝날 때까지 걸음을 멈추고 차렷 자세를 해야 했어요.

왜들 이렇게 멈춰 서 있는 거지?

한눈에 보는 연표

4·19 혁명 ➡ **1960**

5·16 군사 정변 ➡ 1961 ⬅ 소련 유인 인공위성 발사

제1차 경제 개발 5개년 계획 ➡ 1962 ⬅ 미국, 쿠바 봉쇄

박정희 정부 설립 ➡ 1963 ⬅ 핵실험 금지 협정

미터법 실시 ➡ 1964

서울 지하철 1호선 개통

1974년 청량리~서울역 구간 7.8킬로미터가 개통되어 우리나라에 지하철 시대가 열렸어요.

한·일 협정 조인 ➡ **1965**

제2차 경제 개발 5개년 계획 ➡ 1967 ⬅ 제3차 중동 전쟁

1969 ⬅ 아폴로 11호 달 착륙

달에 첫 착륙한 우주인

미국은 1969년 아폴로 11호를 쏘아 올려 달을 정복했어요.

현재 서울에만 아홉 개 노선이 있어.

1960년대에는 소련과 미국의 우주 개발 경쟁이 치열했지.

▲ 새마을 운동 홍보 잡지

경부 고속 도로 개통, ➡ **1970**
새마을 운동 제창

1971 ⬅ 중국, 유엔 가입

제3차 경제 개발 5개년 계획, ➡ 1972 ⬅ 미국 닉슨, 중국 방문
남북 적십자 회담

1973 ⬅ 제4차 중동 전쟁

북한 땅굴 발견, ➡ 1974
서울 지하철 1호선 개통

1975 ⬅ 베트남 전쟁 끝남

▲ 마오쩌둥(중국)과 닉슨(미국)의 만남